史迹留痕

苏州园林名胜旧影

茅晓伟 周苏宁 沈亮 编著

苏州园林艺文集丛

衣学领◎主编

中国水利水电出版社
www.waterpub.com.cn

史迹留痕

苏州园林名胜旧影

茅晓伟　周苏宁　沈亮　编著

中国水利水电出版社
www.waterpub.com.cn
·北京·

内 容 提 要

园林之美，无与伦比，园林历史，悠远流长。苏州园林自被联合国教科文组织列入世界文化遗产名录后，名声愈隆。本书以旧影为主题，在向社会广泛征集和利用档案资料的基础上，经过精心挑选，撷取其中最能反映历史景况、历史事件和历史人物的旧影以飨读者。在这些旧影中，即使景观相似，但却能看到不同年代园林荣枯的变化和人物活动的剪影，在历史长河中，这些旧影从普通的风景照片嬗变为具有历史真实性、可靠性的物证，弥足珍贵。

图书在版编目（CIP）数据

史迹留痕 ：苏州园林名胜旧影 / 茅晓伟，周苏宁，沈亮编著. -- 北京 ：中国水利水电出版社，2020.9
（苏州园林艺文集丛 / 衣学领主编）
ISBN 978-7-5170-8864-6

Ⅰ. ①史… Ⅱ. ①茅… ②周… ③沈… Ⅲ. ①古典园林—苏州—画册 Ⅳ. ①K928.73-64

中国版本图书馆CIP数据核字(2020)第175210号

书　　名	史迹留痕：苏州园林名胜旧影 SHIJI LIUHEN: SUZHOU YUANLIN MINGSHENG JIUYING
作　　者	茅晓伟 周苏宁 沈亮　编著
出版发行	中国水利水电出版社 （北京市海淀区玉渊潭南路1号D座　100038） 网址：www.waterpub.com.cn E-mail：sales@waterpub.com.cn 电话：（010）68367658（营销中心）
经　　售	北京科水图书销售中心（零售） 电话：（010）88383994、63202643、68545874 全国各地新华书店和相关出版物销售网点
排　　版	北京水利万物传媒有限公司
印　　刷	北京蓝图印刷有限公司
规　　格	185mm×260mm　16开本　12印张　100千字
版　　次	2020年9月第1版　2020年9月第1次印刷
定　　价	98.00元

总序

艺文 苏州园林永恒之魅

世界建筑大师贝聿铭说：艺术与历史才是建筑的精神。这句话完全可以引申来说苏州园林精神。

无独有偶。1997年，联合国教科文组织世界遗产委员会在批准苏州古典园林列入《世界遗产名录》时的评语说：“没有哪些园林比历史名城苏州的园林更能体现出中国古典园林设计的理想品质，咫尺之内再造乾坤。苏州园林被公认是实现这一设计思想的典范。这些建造于11—19世纪的园林，以其精雕细刻的设计，折射出中国文化中取法自然而又超越自然的深邃意境。”这段评价翻译成中文尽管只有100余字，但字字珠玑，把苏州古典园林诞生的时代，历史背景，艺术特点，特别是蕴含其中的精神遗产——“咫尺之内再造乾坤”的理想品质和深邃意境，阐述得淋漓尽致，也是对苏州园林精神最精辟的诠释。

自从苏州古典园林列入世界遗产以来，关注、研究的人越来越多，出了很多好作品。但我们也发现，关于苏州园林，总有说不完的话题，写不尽的文章。这是因为，人们的认识总是在不断深化的，甚至是螺旋式的，对苏州园林的研究和理解也是如此。苏州园林作为一个历史代名词、文化符号、人居样板，内涵深厚而又多姿多彩，博大精深而又引人入胜，因此我还说过，无论是管理工作还是研究工作，必须“十年磨一剑”，方能获得“真经”。

有关苏州园林文化艺术的研究，从古到今，文献资料浩瀚如海，传世之作亦是丰富多彩，如明代计成的《园冶》、文震亨的《长物志》，为世界园林学界所推崇。近现代以来，不仅名园遍布苏州古城内外，园林文化艺术亦至臻至美，炉火纯青，达到顶峰。在研究领域，远的不说，1979年出版的刘敦桢《苏州古典园林》巨著具有里程碑、教科书意义，把苏州园林学术水平从一般的“闲雅文化”推向科学文化高峰，从而获得了当年的国家科学技术一等奖。此后，一大批国内著名学者的重要著作问世，如周维权的《中国古典园林史》、陈从周的《说园》、彭一刚的《中国古典园林分析》等等，均有大量篇幅研究苏州园林，影响甚远。

在众多研究苏州园林的学者中，不乏苏州的专家学者，他们占了天时地利，又以勤奋精神耕耘在苏州园林的天地里，日积月累，硕果累累，如金学智的《中国园林美学》，曹林娣的《苏州园林匾额楹联鉴赏》，还有苏州人邀请罗哲文、陈从周担任主编、苏州作者撰稿的《世界文化遗产苏州古典园林》，苏州市园林局编撰的《苏州园林风景绿化志丛书》（21卷），以及一大批文史、旅游类专著，极大丰富了当代苏州园林文化艺术宝库。这些研究成果，有的已出版发行，还有一些却“藏在殿堂”无人识，甚至可望而不可即，极为遗憾，极为可惜。

为了把更多的园林文化艺术研究成果推向社会，发挥多重效益，2007年，我在担任苏州市园林局长期间，曾组织编写了一套《苏州园林文化丛书》七册，第一辑3本书出版后竟然大受市场欢迎，不到一年就售罄，当年还被澳大利亚国家图书馆收藏。之后又编辑出版了第二辑4本书，亦受到读者喜爱，被不少读者奉为自己的“案头书”，成为他们的工具书、参考书。其间这套丛书还先后获得江苏省档案图书精品奖。一转眼，十几年过去了，还常有人向我讨要这些书，只可惜早已难觅了。

这几年，我已离开行政岗位，担任了苏州市风景园林学会领导工作。学会是一个以学术研究为主的社会组织，经常要围绕学术问题进行讨论，因此，这几年我对苏州园林研究工作有了更直接更深刻的感受。我们经常讨论诸如如何将近些年具有代表性的新成果推介给社会的问题，由此萌生了再编辑一套苏州园林艺文丛书的想法，很快得到学会班子成员的一致认可。适逢中国水利水电出版社、北京文通天下图书有限公司有意围绕苏州城市品牌“园林”出版图书。我们见面一谈，一拍即合，随后双方就此进入合作进程。研思路，订方案，选作者，出样稿，拟书名，筹经费，签协议，经过半年多磨合，终于在2018年底前将一切事宜敲定下来。总书名《苏州园林艺文集丛》，第一辑6本书，即：董寿琪编著的《林泉卧游：苏州园林山水画选》、茅晓伟、周苏宁、沈亮编著的《史迹留痕：苏州园林名胜旧影》、詹永伟编著的《经典营构：苏州园林建筑鉴赏》、金学智撰作的《诗心画眼：苏州园林美学漫步》、衣学领撰作的《绿色回响：苏州园林行思录》、周苏宁编著的《名典品读：拙政园文史揽胜》，并确定2019年下半年陆续出版，以此作为苏州市风景园林学会献给中华人民共和国成立70周年的礼物，同时也是苏州市风景园林学会成立40周年的纪念。

苏州园林文化艺术是一个挖掘不完的宝库，我们计划将陆续安排丛书的第二辑写作和编辑工作，为广大园林研究者、爱好者和旅游读者提供更多苏州园林的精神产品，不断耕耘丰富园林文化艺术园地。

相信这套由苏州地方专家学者和管理工作者精心写作、并由出版社精心编辑的丛书，一定能得到社会欢迎，得到读者的认可、喜爱。亦敬请读者品鉴。

谨此为序。

2019年5月30日于苏州三亦书斋

（作者系苏州市风景园林学会理事长，苏州市园林和绿化管理局原局长）

序 美好，需要呵护

曾经陪同友人游览苏州园林，游毕询问对园林的印象，他初无语，沉思良久之后，却不断地摇头。我正纳闷，却听他连连叹道："不可思议，不可思议，这一切哪里是凡人能够所为，分明是上帝的智慧和神人的手艺啊！"

忽然，我也有所心动，想起了自己对园林的看法，一直觉得面对如诗如画的园林美景，任何赞美的语言都显得苍白无力，如果一定要形容，恐怕也只有那八个字可以担当，那就是："出神入化，宛若天成。"

是的，古典园林是苏州这座城市2500多年历史的神来之笔和点睛之处，也是中华5000年文明的经典作品和人间绝唱。1997年，苏州古典园林被列入世界文化遗产名录，这说明人们的这种想法，世界分明都感觉到了。

园林之美，无与伦比；园林的历史，也堪称悠久，然而要想通过艺术手段来体现园林的沧桑，却是一件很困难的事情。因为园林建筑虽然都是久远年代里的遗物，可仅凭园林自身似乎很难看出其岁月的变迁。试问，一百年前拙政园、狮子林、沧浪亭里的亭台楼阁、假山池塘和今天的面貌会有多大的不同？相信外人一般都很难辨别。由于反差不大，也就很难让人感动。然而这本《史迹留痕：苏州园林名胜旧影》画册，却让人刮目相看。在看似相同的景观里，人们读到的，却是一个完全不同的时代！就因为有了各个时期人物的活动和园林荣枯时的模样，这些园林也就显出了它的与众不同。于是这些照片也就从一般的风光景物画面一跃而提升成为记录时代变迁、反映园林沧桑的见证。

中华民族辉煌无比又多灾多难，它能够不断地创造出人类杰出的文明，又在创造文明的同时，不断地亲手毁掉文明。所以，时至今日，5000年的岁月，除了埋藏于地下和记录在书里的历史之外，偌大的国家，已经很难再见到那些能够证明自己悠久历史的建筑实物了。比如苏州，能够证明2500年历史的遗物在哪里？能够证明1000年、800年、500年、300年的历史遗物又剩下多少？

苏州园林是幸运的，因为《史迹留痕：苏州园林名胜旧影》中的许多景物现在都还存在。然而笔者所编纂的《老苏州》画册中的许多景物，却大都已经消失。

园林的长治久安，得益于园林管理局几十年如一日的精心呵护。可惜苏州没有古城保护管理局，为此，我很妒忌园林！

徐刚毅

（此文为2007年初版序）

目录

壹

拙政园

拙政园位于苏州古城东北部，始建于明代正德四年（1509），由御史王献臣回乡建造，取晋代潘岳《闲居赋》“灌园鬻蔬，以供朝夕之膳，……是亦拙者之为政也”语意命名。现园占地5.2公顷，分东、中、西和部分住宅：东部原为明末“归田园居”旧址，中部为全园的精华所在，西部是清光绪年重修的“补园”，三部分在历史上曾一度分开。20世纪50年代重合并又向公众开放。拙政园是苏州古典园林的代表作，也是中国四大名园之一。1961年被列为全国重点文物保护单位；1997年与留园、网师园、环秀山庄一起作为苏州古典园林的典型例证，被联合国教科文组织列入《世界遗产名录》。

20世纪20年代的拙政园，当时还作为八旗奉直会馆，花园部分对外开放。图为中部待霜亭、雪香云蔚亭

拙政园因地制宜，以水为中心，各式建筑缘水而筑，格调古朴自然，充满诗情画意，呈现出池广树茂、旷远明瑟的明代江南园林风格。

20世纪30年代末的见山楼远景

20 世纪 30 年代的香洲及其北面的见山楼、荷风四面亭

20 世纪 40 年代时拙政园中部大门

张紫东

20 世纪 40 年代，拙政园西部补园园主张紫东在园林中。张紫东系昆剧传习所 3 位创始人之一

张紫东和邢氏夫人在拙政园西部小桥上的画像

1947 年吴县工商界参议员在拙政园合影

1951 年，苏州市人民政府对拙政园进行了全面整修，
这是当时修复后的见山楼 1

修复后的见山楼 2

修复后的见山楼 3

20 世纪 50 年代修复后的中部景观 1
远景由左至右为荷风四面亭、雪香云蔚亭、倚玉轩

20 世纪 50 年代修复后的中部景观 2
中部船舫香洲后的露台，可见水池对面的见山楼、荷风四面亭

20 世纪 50 年代修复后的中部景观 3
由别有洞天东望中部景观

20 世纪 50 年代修复后的绣绮亭

20 世纪 50 年代修复后的中部雪景

20 世纪 50 年代拙政园西花园（补园）卅六鸳鸯馆北面山池

20 世纪 50 年代拙政园中花园海棠春坞建筑庭院

20 世纪 50 年代拙政园中花园海棠春坞庭院一角

20 世纪 50 年代末修复东部花园时植树

20 世纪 50 年代末企业家陶叔南全家在拙政园留影（陶叔南在 50 年代末将耦园赠予国家）

20 世纪 50 年代末 60 年代初修复后的东部入口处缀云峰后水池

20 世纪 50 年代末 60 年代初，人民政府拨款修复拙政园东部，旧称归田园居。1961 年和中、西部合并开放。图为当时东部进口处缀云峰

东部缀云峰西北侧

1960 年 1 月，移建东山某宅亭子于拙政园东部，
因亭内有古井一口，取名“天泉”

20 世纪 60 年代初企业职工在园内游览

贰

留园

留园位于苏州阊门外，始建于明万历年间，太仆寺少卿徐泰时置东、西两园（后西园改为寺院），并请名师堆叠假山。清乾嘉年间，归刘恕所有，改名寒碧庄，又集湖石名峰十二峰和诸多法帖于园内。同治末由盛氏购得重修，改名留园。现园占地2.3公顷。1961年被列为全国重点文物保护单位，中国四大名园之一；1997年与拙政园、网师园、环秀山庄一起作为苏州古典园林的典型例证，被联合国教科文组织列入《世界遗产名录》。

清末民初留园林泉耆硕之馆内部陈设。建筑形式为鸳鸯厅。此图为北厅正面，案头摆放清供

留园以建筑空间艺术处理精湛著称，园以厅堂、走廊、粉墙、洞门划分空间，通过与山水花木组合成一个个错落相连、层次丰富的庭院，体现了江南园林建筑的艺术特点。全园分东、中、西、北四部分，东部以庭院、建筑取胜；中部是山水写意园；西部林木幽深，有山林野趣；北部竹篱小屋，呈田园风貌。

民国初年林泉耆硕之馆北厅侧面，书卷满架

民国初年“绿荫”轩外的玉女峰风貌，此峰为刘恕所集十二峰之一，又因形状似济公，被称为“济颠石”

民国初年园北“又一村”北侧景观：园墙、曲廊、灌木

民国初年西部“活泼泼地”前，山溪架设木桥，土岸漫坡，现已改为黄石假山驳岸

民国初年西部“君子所履亭”，面对射圃，南北两侧以廊贯通，后毁坏

民国初年的濠濮亭

1915 年留园园主盛宣怀摄于上海。
盛氏于 1874 年起拥有留园

20 世纪 30 年代留园中部

1917 年盛宣怀孙女等在留园小蓬莱合影

曲溪楼－绿荫

20 世纪 30 年代前期的留园。1936 年张治中将军曾经在园内建“高级教官室”，秘密绘制地图，编制作战方案，成为抗日准备工作的秘密司令部

20 世纪 30 年代的园主盛氏家庵待云庵，前有花径，庵西侧为冠云峰

20 世纪 30 年代初的留园戏台，是苏州园林第一座近代化的室内双层三面看戏楼台。抗日战争时毁于火灾

20 世纪 30 年代的留园西南部为住宅区，此为楼宇一角

戏厅及楼座

20 世纪 30 年代初，苏州文化界名人顾公硕、汪葆楫等组织浪华旅行团，附设摄影研究社。图为该社成员在留园合影。右一为顾公硕

20 世纪 30 年代的林泉耆硕之馆，刻有冠云峰一面的内部陈设

20 世纪 50 年代修复后的林泉耆硕之馆对比

20 世纪 30 年代的揖峰轩

20世纪30年代末的留园中部风光1

20世纪30年代末的留园中部风光2

20 世纪 30 年代末的留园东部冠云亭

1953 年修复前的留园冠云峰

20 世纪 60 年代的冠云台

20 世纪 60 到 70 年代左右冠云峰

20 世纪 50 年代初留园修复前的破败状况 1

陈从周先生摄于 20 世纪 50 年代留园修复后，古枫香树尚存

20 世纪 50 年代初留园修复前的破败状况 2

维修中的曲溪楼

维修中的清风池馆

林泉耆硕之馆维修现场

待云庵修复施工现场

20 世纪 50 年代修复后的石林小院，中部峰石为晚翠峰，左后部石笋为干霄峰，均为留园名峰之一

20 世纪 50 年代，修复后的西部紫藤廊竹篱小路

曲溪楼

抗战时期，留园受敌伪严重损坏。中华人民共和国成立后，政府在 1953 年拨款修复，使名园重现风采。1954 年元旦正式对外开放

1954 年修复后的曲溪楼

20 世纪 50 年代修复后的曲溪楼远眺

20 世纪 50 年代修复后的中部曲溪楼及古枫香树

20 世纪 50 年代修复后的留园中部景观 1

20 世纪 50 年代初修复后的活泼泼地

20 世纪 50 年代修复后的留园中部景观 2

20 世纪 50 年代修复后的中部景观，紫藤架、远翠阁和假山上的可亭

20 世纪 50 年代修复后的中部园景

20世纪50年代修复后的留园厅堂恢复旧貌，图为五峰仙馆内部陈设

20 世纪 60 到 70 年代小蓬莱未加栏杆的石板桥面

20 世纪 60 到 70 年代小蓬莱竹质的栏杆

20 世纪 60 到 70 年代中部景观：近景小蓬莱，远景可亭、远翠阁

修复后的留园景观一组（20 世纪 60 年代摄）

五峰仙馆北庭院

从汲古得绠处看涵碧山房

远眺可亭

20 世纪 60 年代曲溪楼旁的古枫杨已枯

冠云亭一带

网师园

网师园位于苏州古城东南隅，南宋侍郎史正志最早在这里建造万卷堂，堂侧建花园“渔隐”。清乾隆年间，光禄寺少卿宋宗元购得后重新浚池叠石，筑堂构室，沿史氏“渔隐”义，名网师园。占地0.65公顷，被称为苏州园林的“小园极则”，也是中国园林“以少胜多”的典范。1982年被列为全国重点文物保护单位；1997年作为苏州古典园林的典型例证，与拙政园、留园、环秀山庄一起被联合国教科文组织列入《世界遗产名录》。

网师园保持了苏州旧时世家完整的宅、园相连风貌，全园分为东部住宅区、中部山水花园、西部别院。西部殿春簃，原为书院，20世纪80年代初，中国赴美国建造的纽约大都会艺术博物馆内的“明轩”即以此为蓝本。

1918年，瑞典喜任龙教授来华考察，拍摄了大量园林照片，于1949年出版《中国园林》一书。图为他当年所摄的月到风来亭

20世纪30年代，画家张大千与其兄张善孖居住在网师园。图为张大千与著名园林学者陈从周合影

1932 年，张大千和叶恭绰并虎儿在网师园合影。张大千兄弟寓居网师园，并养幼虎一只，起名虎儿。其时叶恭绰亦同住网师园

20 世纪 30 年代张善孖在冷泉亭，后为虎儿墓及墓志

20 世纪 40 年代的引静桥

20 世纪 40 年代水池南岸

1950 年，园主何澄（字亚农）后人将网师园捐献给国家。1958 年，苏州市园林管理处对网师园进行全面整修。当年 10 月对外开放。图为整修前的南宋古柏及竹外一枝轩

20 世纪 50 年代的竹外一枝轩 1

20 世纪 50 年代的竹外一枝轩 2

20 世纪 50 年代维修中的月到风来亭

月到风来亭

20 世纪 50 年代修复前的中部水池东岸云冈及引静桥

潭西渔隐洞门

20 世纪 50 年代的露华馆旧址。20 世纪末修复旧观

20 世纪 50 年代修复的前东部梯云室前

20 世纪 50 年代修复前的小山丛桂轩

20 世纪 50 年代修复前的大门

20 世纪 50 年代的铁琴及庭院

20 世纪 50 年代末从他处移建来的梯云室

20世纪50年代修复前的门厅内部

20世纪50年代修复前的樵风径

20世纪50年代修复后的冷泉亭

20 世纪 50 年代修复前的殿春簃庭院。殿春簃庭院作为典型的明代书斋式庭院，于 1980 年被仿建于美国纽约大都会艺术博物馆内

修复前的殿春簃庭院石峰

修复前的殿春簃庭院

20 世纪 50 年代末修复后园景一角鸟瞰

20 世纪 50 年代末修复后的殿春簃

肆

环秀山庄

环秀山庄位于苏州城中景德路，其建造历史最早可推溯到晋代王珉、王珉兄弟舍宅建景德寺，其后屡有兴废。清代乾隆（1736—1795）以来，蒋（楫）、华（毕）、孙（士毅）三家先后居于此处，掘地为池，叠石为山，造屋筑亭于其间。孙氏后人孙均雅号林泉，于清嘉庆年间请叠山名家戈裕良重构此园。戈氏根据小块太湖石的自然纹理进行组合，独创钩带法，堆叠出一座大型湖石假山，山上崖道、山洞、曲涧、石室、磴道、幽谷、峰峦、危径、绝壁等，曲折回环，宛转多姿，变幻莫测，既逼真坚固，又极尽万壑千山之妙趣，营造出一个“空山不见人”“清泉石上流”的山水空间。在半亩之地所叠假山有尺幅千里之势，有“独步江南”之美誉。道光二十九年（1849）成为汪氏宗祠“耕荫义庄”的一部分，更名“环秀山庄”，又称“颐园”。现面积仅0.2公顷。1988年被列为全国重点文物保护单位，1997年，与拙政园、留园、网师园一起作为苏州古典园林的典型例证，被联合国教科文组织列入《世界遗产名录》。

20 世纪 40 年代的边廊

1985 年，苏州园林、文物管理部门对环秀山庄进行全面整修。图为整修前的边楼

20 世纪 40 年代的补秋舫

20 世纪 40 年代的问泉亭

20 世纪 50 年代的曲桥

修复前的西北部湖石假山及飞雪泉

伍

沧浪亭

沧浪亭位于苏州古城南，占地约1.1公顷。北宋庆历五年（1405），著名诗人苏舜钦遭贬至苏，购地造园，并以《楚辞·渔父》中“沧浪之水清兮，可以濯吾缨；沧浪之水浊兮，可以濯吾足”之意建沧浪亭。2000年被联合国教科文组织列入《世界遗产——苏州古典园林》增补名单；2006年被列为全国重点文物保护单位。

园中山上古木参天，山石嶙峋，北面与园外小河相傍，自然开朗，为借景之佳例；山巅沧浪亭，为清康熙年间重修，亭柱上所刻“清风明月本无价，近水远山皆有情”的楹联，写出了沧浪亭的意境。园内多竹，又有清代增建的五百名贤祠、康熙、乾隆皇帝御碑、文徵明石刻像、林则徐书法石刻诗碑等文物古迹。

20世纪20年代，沧浪亭为公众活动和文化场所。1925年美术专科学校租用园内三贤祠屋，1927年校长颜文樑受苏州公益局聘为沧浪亭保管员，学校亦迁入。图为当年园林大门两侧分别挂着苏州美术馆和苏州美术专科学校的牌子

1917 年的沧浪亭外部景观

20 世纪 20 年代由苏州美专实用美术科拍摄的“五百名贤祠”庭院

20世纪20年代由苏州美专实用美术科拍摄的沧浪亭外景，一水之隔为可园和结草庵

1927 年，苏州美专同仁在沧浪亭，后排右三为颜文梁

1930 年的沧浪亭，摘自日本《亚细亚大观》摄影集

20 世纪 30 年代的沧浪亭外景，钓鱼台、面水轩复廊相连

1933 年沧浪亭外景

1954 年，人民政府拨款全面整修沧浪亭，1955 年对外开放。图为 50 年代初期沧浪亭面水轩和沧浪亭街

20 世纪 50 年代的沧浪亭外景，观鱼处、复廊、面水轩临水而建，沧浪亭踞于后方土山之巅

1932 年所建的苏州美术馆，俗称罗马大厦，实为希腊式。美术馆与沧浪亭辟门相通

20 世纪 50 年代的沧浪之水，荷花满塘

20 世纪 50 年代的沧浪亭

20 世纪 50 年代的看山楼

20 世纪 50 年代的明道堂

20 世纪 50 年代的面水轩一角

陆

狮子林

狮子林位于苏州古城东北隅，建于元代至正二年（1342），为元末名僧惟则的弟子集资为其建造，其地原为宋代废园，多竹林怪石，有的状如狮子，又因惟则之师中峰在天目山狮子岩得法，故名。元末著名画家倪瓒（云林）曾作狮子林图。清康熙、乾隆都曾数次来游，并分别在圆明园、承德避暑山庄中仿建。现占地1.1公顷。2000年被联合国教科文组织列入《世界遗产——苏州古典园林》增补名单；2006年被列为全国重点文物保护单位。

1870 年的苏州狮子林（法国巴黎私人收藏）

狮子林有古典园林亭、台、楼、阁之胜，更以大型湖石假山群著称，有“假山迷宫”之誉。东北部以建筑为主，燕誉堂为典型的鸳鸯厅形式；中部水池居中，大假山横亘东西；北部有古五松园、真趣亭、暗香疏影楼等建筑；西部问梅阁侧人工瀑布从山上直泻。假山湖石群外表雄浑，内部空灵，洞壑幽深，曲折盘桓，犹如迷阵。全园结构紧凑，长廊贯通四周，曲径通幽，古树挺秀。

1917 年，贝仁元购得狮子林，大举修园，维护旧观，增色新景，并参入西式手法。1953 年，贝氏后裔把狮子林捐给人民政府。图为颜料商人贝仁元

1917 年，贝氏修缮后的狮子林，园中增添时尚的西洋建筑元素，图为园池东北部的石舫、厅堂、楼宇等建筑群

贝氏重修狮子林时，扩建西部假山和建筑。图为西部假山上的古银杏树和问梅阁

20 世纪 30 年代的湖心亭景观

20 世纪 30 年代的湖心亭、真趣亭景观

卧云室及古柏

1954 年修复后的狮子林

20 世纪 50 年代修复后的狮子林花园南部假山、溪涧、驳岸

20 世纪 50 年代修复后的湖心亭、石舫、暗香疏影楼等建筑

20 世纪 50 年代修复后的湖心亭春色

指柏轩前门洞

20 世纪 50 年代修复后指柏轩前的海棠形门洞

20 世纪 50 年代修复后的湖心亭与真趣亭

20 世纪 50 年代修复后的湖石假山

20 世纪 50 年代修复后的狮子林景观一组（19 幅）

荷花厅

小赤壁 1

小赤壁 2

湖心亭曲桥东侧的湖石假山

层峦叠嶂中的卧云室

西部山上的问梅阁

修竹阁

水池和假山

石峰、石梁

见山楼远眺景观

湖心亭远眺景观

问梅阁雪景

燕誉堂内景

紫藤架

接驾桥

古五松园

狮子林大门

正气亭和碑廊

小方亭

20 世纪 50 年代修复后的湖心亭一带景观一组（4 幅）

20 世纪 50 年代修复后的湖心亭一带景观 1

20 世纪 50 年代修复后的湖心亭一带景观 2

20 世纪 50 年代修复后的湖心亭一带景观 3

20 世纪 50 年代修复后的湖心亭一带景观 4

20 世纪 70 年代的狮子林景观一组（5 幅）

移建自东北街郑宅的花篮厅

石舫

湖心亭 1

湖心亭 2

由复廊看小赤壁

柒

艺圃

艺圃位于苏州古城西北文衙弄，占地0.38公顷。为明朝天启年状元、大学士文震孟在袁祖庚“醉颖堂”废园遗址上建造的第宅园林。文氏为“明四家”文徵明曾孙，善诗画，对园圃精心修理后题名为药圃。清顺治年，园为姜埰所得，经修整，改名为颐园，又名敬亭山房。后又易名为艺圃，时王翚绘有《艺圃图》。2000年被联合国教科文组织列入《世界遗产——苏州古典园林》增补名单；2006年被列为全国重点文物保护单位。

1982年花园部分修复，1984年对外开放。图为修复前的大门

园中水池居中，各式建筑环池而筑。池北大型水阁延光阁横跨水面；池南为土石相间的假山，草木茂盛，小亭古树，高低相呵；山下东、西各有水湾，几架小桥，低平贴水；池东南的“乳鱼亭”为明代遗构，亭内梁枋上尚有明代彩绘。池西南“芹庐”庭院，为昔日园主读书处，精雅优美，被称为庭院精品。

修复后的大门（1984年）

修复前的山水景观 1

修复前的山水景观 2

修复前的乳鱼亭，为明代遗构 1

修复前的乳鱼亭，为明代遗构 2

修复前的乳鱼亭，为明代遗构 3

修复前的乳鱼亭、思嗜轩

修复前的主厅博雅堂

修复前的园池北部延光阁 1

修复前的园池北部延光阁 2

修复前的园池北部延光阁 3

修复前的园池北部延光阁 4

修复前的园池北部延光阁 5

修复前的建筑内景 1

修复前的建筑内景 2

修复前的建筑内景 3

修复前的建筑内景 4

修复前的园中园浴鸥，为旧时书斋 1

修复前的园中园浴鸥，为旧时书斋 2

修复前的园中园浴鸥，为旧时书斋 3

修复前的假山一角

修复时场景，图上最高处为朝爽亭，低处为乳鱼亭

修复前的朝爽亭 1

修复前的朝爽亭 2

修复前的朝爽亭 3

修复前的假山北麓沿池驳岸、石板、平桥
为明代遗构 1

修复前的假山北麓沿池驳岸、石板、平桥
为明代遗构 2

修复前的假山北麓沿池驳岸、石板、平桥
为明代遗构 3

修复前的假山北麓沿池驳岸、石板、平桥为明代遗构 4

修复前的假山北麓沿池驳岸、石板、平桥为明代遗构 5

修复前的假山北麓沿池驳岸、石板、平桥为明代遗构 6

捌

耦园

耦园位于苏州城东小新桥巷，为晚清名园，占地0.8公顷。园林一面临街，三面环水，门前宅后均设有河埠，可从水陆两路进出，“人家尽枕河”的风貌由此得见，在苏州园林中独树一帜。原为清初陆氏涉园，有明代遗构黄石假山一座。同治十三年（1874）上海道（后曾任安徽巡抚、两江总督等职）沈秉成所得，修缮扩建，遂成今状，呈东、西为园，住宅居中的格局，又因其继室严永华工丹青、娴辞赋，夫妇唱和有《联吟集》，十分相宜，自为佳偶，故易名为耦园，既是两园相连的写照，也寓有沈氏夫妇双双偕隐之意。1965年东花园修复开放，1994年耦园全部修复开放。2000年被联合国教科文组织列入《世界遗产——苏州古典园林》增补名单。2001年被列为全国重点文物保护单位。

20世纪50年代的东部花园雪景，图中由近至远的建筑为：山水间、吾爱亭

其耦园特色是中轴为宅，东西建园，尤以东部山水为佳。黄石假山模山范水，冈峦绝壁，峡谷蹬道，叠筑自然逼真，略偏轴线一侧，位置得宜，可从不同角度欣赏。假山四周环以重楼廊屋，逶迤相续，高低错落，与山水相呼应。风格佳丽，别具一格。

20 世纪 50 年代修复前的西部花园一角

20 世纪 50 年代修复前的双照楼

20 世纪 50 年代东部花园曲桥宛虹杠 1

20 世纪 50 年代东部花园曲桥宛虹杠 2

20 世纪 50 年代末耦园东侧围墙外，后方为双照楼

20 世纪 50 年代东部花园水池、驳岸曲桥

20 世纪 50 年代东部花园东部水池、驳岸一角

20 世纪 50 年代的耦园东侧围墙外景及东南角听橹楼

20 世纪 50 年代修复前城曲草堂旧观

20 世纪 50 年代修复前城曲草堂前庭院

20 世纪 50 年代修复中的耦园东部山水 1

20 世纪 50 年代修复中的耦园东部山水 2

20 世纪 50 年代修复中的耦园一角

20 世纪 50 年代修复前的耦园一角

20 世纪 50 年代修复中的耦园东部

20 世纪 50 年代修复前的东部状况

20 世纪 50 年代修复时的耦园黄石假山

20 世纪 60 年代修复后的城曲草堂和水池

20 世纪 50 年代疏浚园池前的景况

20 世纪 50 年代的东部花园黄石假山，被灌木覆盖

20 世纪 60 年代修复后的织帘老屋

20 世纪 60 年代修复后的园景

曾为民居的耦园藏书楼

玖

退思园

退思园位于吴江同里镇，距苏州古城18公里。占地0.65公顷。建于清光绪十一年（1885），安徽凤颍六泗兵备道任兰生被革职回乡，购地造园，取《左传》“进思尽忠，退思补过”句，取园名“退思”。1982年全面整修。2000年被联合国教科文组织列入《世界遗产——苏州古典园林》增补名单。2001年被列为全国重点文物保护单位。

修复前的闹红一舸

园自西而东，横向布局，依次为迎客区、住宅区、庭院区、山水花园。东部花园水池居中，各式建筑皆低矮轻巧，贴水而筑。主厅“退思草堂”坐北向南，隔池对景为楼廊、辛台、菰雨生凉轩等一组建筑，高低错落，虚实相间，疏密有致。池西船舫“闹红一舸”突出水面，恍如在水中航行；池东湖石假山上“眠云亭”高卧，倒映水中，与蓝天白云、绿叶红鱼构成了一幅水天一色的图画，故被誉为“贴水园”。

修复前的园西北部

1915 年的水芗榭

20 世纪 30 年代的园景

20 世纪 80 年代修复前的退思草堂

1915 年的退思园园景

20 世纪 80 年代修复前的揽胜阁

1947 年第二代园主任传薪（左一）和家人在退思园的合影

1969 年时的眠云亭

20 世纪 80 年代修复前的菰雨生凉轩

20 世纪 80 年代修复前的退思园旧影

拾

其他园林

五亩园

五亩园位于桃花坞地区，始建于宋代，屡有兴废。清嘉庆后重建，光绪年间又颓废，现遗址已不存。

1931年，拙政园西部补园园主张紫东等在五亩园遗址开设昆剧传习所，培养出数十名传字辈弟子，使行将湮没的昆曲艺术得以继承流传。

五亩园旧址

修复前的五峰园 1

五峰园

五峰园为明代园林，位于阊门内西街，为尚书杨成所筑。又一说为文徵明侄文伯仁所建，但尚无史据。园内有五座太湖石峰，因此得名。1999 年修复，现为江苏省文物保护单位。

修复中的五峰园

修复前的五峰园 2

修复前的五峰园 3

20 世纪 50 年代园中住户在园里摄影留念

惠荫园

惠荫园位于南显子巷，始建于明，其太湖石水假山为叠石大师周秉忠作品，仿西山林屋洞所筑，以“小林屋”著称。清初曾名洽隐园，同治年间改建为安徽会馆。抗战以后部分建筑散为民居和学校。2002 年重修。现为江苏省文物保护单位。

民国初年苏州名流在园内合影

民国初年的惠荫园 1

民国初年的惠荫园 2

曲园

曲园在马医科，为晚清国学大师俞樾于同治十三年（1874）所建，占地0.33公顷。形如曲尺，又取“曲则全”之意，故名曲园。景观简约素雅。1982年修复，2006年被列为全国重点文物保护单位。

20世纪50年代的曲园春在堂

怡园

怡园位于人民路，建于晚清，造园时吸取苏州各园长处，形成集锦式的艺术特点。面积0.6公顷。园以复廊分隔东西两部，东部以庭院为主，有湖石名峰多座；西部为山水主景，水池居中，堂轩榭亭环水而踞。池北有大型湖石假山，洞壑具真山况味。池南主厅藕香榭，是春赏梅花牡丹、仲夏赏荷佳处。书条石“怡园法帖”“怡园古琴会”颇负盛名。1953年修复开放，现为江苏省文物保护单位。

20世纪50年代整修时的水池

20世纪80年代怡园西部全景

1918 年，贝仁元等苏州名人摄于怡园

1919 年怡园古琴会（面壁亭）

1953 年修复中的怡园 1

1953 年修复中的怡园 2

1953 年修复中的怡园 3

50 年代修复后的画舫斋

50 年代修复后的园景

壶园

壶园在庙堂巷，旧为潘宅。园仅 0.03 公顷，池水曲折多姿，建筑精致，空间层次富有变化，为清代典型宅第园林，小园佳构。1963 年因建工厂而毁。

20 世纪 50 年代园池南景观

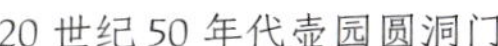
20 世纪 50 年代壶园圆洞门

水池西北角景象

池北厅堂及峰石、树木

畅园

畅园在庙堂巷，为清代宅院。花园占地 0.14 公顷，位于住宅的东侧。1959 年由苏州市园林管理处接管。1989 年修复。园以水池为中心，建筑环水而建，厅堂、石舫、小桥次第构造，景物众多，层次丰富，为苏州小型园林代表作。现为江苏省文物保护单位。

池西南山上的待月亭和曲廊一角

20 世纪 50 年代畅园中的“憩间”与曲廊

东部六角亭“延辉成趣”

20 世纪 50 年代，中国古建筑专家刘敦桢教授带领一批专业人员在苏州古典园林进行科学考察，经过 20 余年的努力，终著成经典巨著《苏州古典园林》。图为刘敦桢教授当年在畅园调查时留影

主厅留云山房南面景物

20 世纪 50 年代的畅园

可园

可园为清代园林，原为沧浪亭的一部分。嘉庆年间在此设正谊书院。1914 年改为江苏省第二图书馆，至抗日战争爆发前，藏书近 13 万册，是当时全国藏书较丰富的图书馆之一。园以水池居中，池边点石叠岸，廊轩相邻，北部土山遍植梅花。20 世纪 80 年代、2015 年两度维修，现为苏州市级文物保护单位。

20 世纪 20 年代图书馆员工在可园合影

残粒园

残粒园在装驾桥巷，为晚清园林，原为扬州盐商住宅。以李商隐“红豆啄残鹦鹉粒”诗意命名。园仅 0.014 公顷。1929 年归画家吴待秋，现仍为吴氏后人居住，是现存的苏州古典园林中唯一仍由园主后人居住的私家花园。现为苏州市文物保护单位。

20 世纪 50 年代中期的残粒园水池与石矶一角

20 世纪 50 年代中期的残粒园圆洞门

20 世纪 50 年代中期的园内山亭栝苍亭

园主吴待秋及家人在园中

鹤园

鹤园位于韩家巷，为晚清名园，建于清光绪三十三年（1907），以俞樾所书“携鹤草堂”而得名。花园面积 0.19 公顷。园以水池为中心，山石花木间置池周。池形若瘦鹤，鹤颈向西，颈上架木栏石作小桥，给人源头深远之感。曲折有致的长廊，将园分隔成数个小院落，增加了园景层次。20 世纪 50 年代，园主严氏将园献与人民政府。1980 年再次维修，现为苏州市文物保护单位。

20 世纪 50 年代中期的鹤园大厅前峰石及树木

20 世纪 50 年代的鹤园东侧小亭与曲廊

20 世纪 50 年代中期的鹤园池西景观

20 世纪 50 年代中期的鹤园大厅及庭院

20 世纪 50 年代中期的鹤园西侧梯形馆及湖石池岸

西园

西园与留园相邻，同为明徐泰时的宅园。后其子舍园为寺，崇祯八年（1635），更名为戒幢律寺。现西园是戒幢律寺及其西部寺园的总称，为一组完整的佛教建筑，为江南名刹之一。西部花园部分具有浓重的江南园林特色，为国内著名的寺庙花园。20 世纪 50 年代修复。

1955 年苏州市园林管理处假山工人在维修西园时合影

20 世纪 50 年代的西园湖心亭和放生池

南半园

南半园为晚清宅园，位于苏州仓米巷。

20 世纪 50 年代南半园三曲桥

20 世纪 30 年代“七君子”案章乃器辩护律师陆鸿仪（左四）
一家居住南半园时合影

20 世纪 40 年代园景一角

羡园

羡园俗称“严家花园”，在木渎镇内。1970 年被企业占用而毁。2000 年重构，占地 1.1 公顷。

笑园

笑园位于现干将桥北，西倚城墙。始建于明，现已废。

20 世纪 80 年代景况

20 世纪 30 年代旧貌

植园

植园位于文庙西，建于晚清，为讲求农事之所，20 世纪 40 年代已废，是苏州首座以绿地植物为主的近现代化公园。

苏州公园

苏州公园建于1927年，为苏州近代以来保存较好的现代公园。

20 世纪 30 年代外景

1925 年 7 月，位于苏州公园的图书馆落成，为带钟楼的西方城堡式建筑，1937 年被日军用炮轰毁

20 世纪 30 年代的明德亭

肖特义士纪念碑

肖特为 20 世纪 30 年代见义勇为，为抗击日本侵略者空袭而牺牲的美国飞行员

20 世纪 20 年代初北局小公园全景，由苏州管理部门监管

抗日战争爆发后，苏州各界在苏州公园吴县图书馆成立抗敌后援会，投入到慰劳、劝募、救助伤兵的志愿工作

20 世纪 50 年代园内景观

荫庐

荫庐位于景德路，为清末民初的小型宅第园林，现归儿童医院。

拾壹

虎丘山

虎丘山位于苏州古城西，自古就是著名的风景名胜地，已有2500多年的历史，素有“吴中第一名胜”之称，苏东坡曾说：“到苏州而不游虎丘，乃憾事也！”

虎丘山占地面积28.29公顷（核心区），是全国面积最小的历史名山。虎丘自然形胜绝佳，有“三绝”“九宜”之说，山虽小却可与名山大川相媲美。虎丘历史文化悠久，剑池下有吴王墓穴埋剑的千古之谜；建于五代的砖结构斜塔，矗立于山巅，1961年列为全国重点文物保护单位，是苏州古城的标志和象征；2014年虎丘塔作为中国大运河苏州段遗产点之一列入《世界遗产名录》。

山中还有断梁殿、试剑石、千人石、平远堂、五贤祠、小武当、拥翠山庄、万景山庄等50多处人文胜迹。虎丘山的“三市三节”、曲会、灯会等，是苏州传统的民俗民间文化活动和珍贵的非物质文化遗产。

1860年前的虎丘塔
（美国皮波迪伊塞克博物馆收藏）

1869年的虎丘塔
约翰·汤姆逊（John Thomson）摄

1911 年左右的虎丘上山道前

1925 年的虎丘拥翠山庄大门

1926 年的虎丘剑池

20 世纪 20 年代初的虎丘前山

20 世纪 20 年代初的虎丘御碑亭

20 世纪 20 年代初的鸳鸯冢

20 世纪 20 年代的二山门

20 世纪 20 年代的虎丘全景

20 世纪 20 年代由五十三参隔白莲池远看冷香阁

20 世纪 20 年代的虎丘山

20 世纪 20 年代的虎丘后山

虎丘国魂冢（摄于 1934 年之前）

1936 年的虎丘冷香阁

20 世纪 20 年代的千人石

20 世纪 20 年代的虎丘山正门

20 世纪 30 年代山塘河边的虎丘山正门

20 世纪 30 年代初期的虎丘、二仙亭、剑池“别有洞天”

20 世纪 30 年代的东山庙，亦称王珣祠堂、短簿祠（现为万景山庄）

20 世纪 30 年代的虎丘后山

20 世纪 30 年代的拥翠山庄一角

1940 年重建的虎丘望山桥，别有洞天后工匠留影

1940 年的真娘墓

1940 年的断梁殿

1949 年前夕的虎丘山

20 世纪 40 年代的虎丘后山

1940 年的虎丘塔

1950 年左右的虎丘塔

1950 年左右的虎丘后山 1

1950 年左右的虎丘后山 2

1950 年左右的虎丘后山，于 1860 年毁于战火。图中左侧石砌土城为元末张士诚时期所筑，右侧为“吴分楚胜”牌坊

20 世纪 50 年代的虎丘塔一组（5 幅）

20 世纪 50 年代的虎丘塔 1

20 世纪 50 年代的虎丘塔 2

20 世纪 50 年代的虎丘塔 3

20 世纪 50 年代的虎丘塔 4

20 世纪 50 年代的虎丘塔 5

20 世纪 50 年代初的拥翠山庄门前

20 世纪 50 年代的冷香阁前南山坡

20 世纪 50 年代修葺后的致爽阁

20 世纪 50 年代的虎丘西麓环山路 1

20 世纪 50 年代的虎丘西麓环山路 2

20 世纪 50 年代的后山玉兰山房和百步趋

20 世纪 50 年代重建海涌桥

20 世纪 50 年代的虎丘后山方亭

20 世纪 50 年代初在虎丘景区的上山道东侧建造了革命烈士墓，1956 年移建于黄山。图为原虎丘烈士墓

志愿军烈士墓

20 世纪 50 年代的后山丛林 1

20 世纪 50 年代的后山丛林 2

20 世纪 50 年代修复前的虎丘后山小武当

20 世纪 50 年代修复前的后山小武当牌坊

20 世纪 50 年代修复前的后山挡坡墙

20 世纪 50 年代修复前的御碑亭

20 世纪 50 年代中期，大修虎丘塔

20 世纪 50 年代，修复虎丘前山上山道

“狮子回头望虎丘”为虎丘著名旧景，20 世纪 50 年代远眺狮子山的景况

1960 年时的五十三参

拾贰

天平山

天平山距市区14公里，自唐宋以来就是著名的风景游览地，以怪石、清泉、红枫而享有“天平三绝”之誉，又因其与范仲淹史迹紧密相连而闻名于世。现为太湖国家风景名胜区中的重要景区之一。山上有卓笔峰、龙门、白云泉诸胜；山下古枫香树形成的“万丈红霞”的绮丽景观，成为国内著名的四大观枫胜地之一。清乾隆南巡时所建的高义园，背依青山，面临十景塘，东侧是松柏掩映的范氏墓地。山西麓为纪念范仲淹业绩的忠烈庙、范仲淹纪念馆和“先忧后乐”石牌坊，成为全国著名的颂扬高尚品德、树立博大胸怀的爱国主义教育基地。

20世纪50年代的范公祠

20 世纪 20 年代的接驾亭

20 世纪 20 年代的天平山全景

20 世纪 20 年代的童梓门

20 世纪 20 年代的范氏祖墓

20 世纪 20 年代的天平山庄外景

1926 年的天平山庄

20 世纪 30 年代的天平山庄及十景塘

十景塘上的宛转桥 1

十景塘上的宛转桥 2

20 世纪 30 年代的天平山高义园

乾隆手书的高义园石牌坊

古城内范庄前的“先忧后乐”石牌坊

拾叁

灵岩山

灵岩山在苏州市西南郊，海拔182米，山多灵巧之石，故名灵岩。相传春秋吴王为越国美女西施在山上筑馆娃宫，遂流传千古。灵岩山向有“灵岩秀绝冠江南”的美誉。山上吴王井、玩月池、流花池、西施洞、琴台等都留有动人的传说，是苏州著名的风景名胜地。

20世纪30年代的灵岩山远景

20 世纪 30 年代女学生浏览灵岩山

1914 年的山顶寺庙、塔院

拾肆

石湖

石湖距苏州古城西南6公里，自古就是著名的风景游览地，春秋时期吴越争霸的古战场之一。历代文人雅士留下了大量诗文、图画，宋代大诗人范成大在此隐居，写下了大量田园诗，著有《梅谱》《菊谱》。现为太湖国家风景名胜区中的重要景区之一。

20世纪20年代上方山楞伽寺塔和塔院

石湖景区山水俱佳，有“吴中胜境”的赞誉。湖面开阔，水通太湖；湖滨有山，山峦起伏。正面为上方山，山顶楞伽塔是宋代遗存。湖东田圃相属，水港纷错；湖西山峦起伏，群峰映带；北岸行春桥九孔相连，如长虹卧波。周围有天镜阁遗址、普陀岩、范成大祠、越城桥、渔庄等名胜古迹。农历八月十八游石湖看长桥串月为苏州传统的民间习俗。水月相映，光影相接，既有山水之胜，又有田园风光和庭园之趣。

清末的石湖之滨行春桥，远处为越城桥，近处为范成大祠堂

20 世纪 30 年代的石湖越城桥和上方山风光

20 世纪 50 年代初的行春桥

20 世纪 50 年代的渔庄外景

20 世纪 50 年代末的行春桥和上方山 1

20 世纪 50 年代末的行春桥和上方山 2

拾伍

枫桥·寒山寺

枫桥·寒山寺位于苏州城西3.5公里处的古运河畔，是以寒山古寺、江枫古桥、铁铃古关、枫桥古镇和古运河等“五古”为主要游览内容的省级风景名胜区。枫桥·寒山寺是苏州风景名胜资源的重要组成部分之一，张继的《枫桥夜泊》诗，不但在中国脍炙人口，而且远渡重洋，传到日本和欧洲诸国。江村桥、枫桥自古有名，距今已有1100年的历史，桥下的古运河是京杭运河的一段。铁铃关建于明嘉靖三十六年（1557），清道光九年（1829）重建，又名枫桥敌楼，是苏州唯一现存的抗倭遗迹。枫桥古镇由枫桥大街和寒山寺弄两条步行街组成，保持了“家家尽枕河”的景象，具有典型的运河水乡风貌。

20世纪30年代的城外枫桥

寒山寺始建于梁天监年间，原名妙利普明塔院，屡有兴废。1860 年又毁于兵火，1906 年重建。此为重建后的风貌

1926 年的寒山寺及江村桥堍（日本大正十五年《亚东印画辑》）

1926年的寒山寺碑廊（日本大正十五年《亚东印画辑》）

20世纪20年代初的寒山寺

1926 年所摄俞樾书张继诗碑

20 世纪 30 年代寒山寺外貌

1926 年所摄的寒山寺

枫桥曾名封桥，其下铁铃关为明代抗倭遗迹。图为 20 世纪 50 年代的景观

20 世纪 80 年代枫桥、江村桥、铁铃关一带的景色

拾陆

盘门

盘门为国内现存唯一的水陆城门。始建于春秋，因水陆盘绕，迂回曲折，故称为盘门。水陆两门比肩而立，水门有前后两道，中有暗道通城上，战时可设伏；陆门也有内外两重，中间形成瓮城，城墙陡峭，易守难攻。城墙上还留有雉堞、女墙、射孔、闸口、防火孔等。城楼上可观古吴门桥横跨运河。城楼北有翼角翚飞、古雅挺秀的宋代瑞光塔。1981年由苏州市园林管理局全面修复。瑞光塔于1988年被列为全国重点文物保护单位，盘门水陆城门于2006年列为全国重点文物保护单位。2014年成为世界遗产——中国大运河苏州段的景点之一。

1920年的盘门

20世纪30年代的瑞光塔

20 世纪 30 年代的瑞光塔和桥

20 世纪 30 年代的盘门

拾柒

北寺塔

苏州北寺塔在平门内，最初为三国时吴国孙权于赤乌年间（238—251）所建，名通玄寺。隋灭陈时，寺毁。北周时重建，名报恩寺。北宋时改为9层，金兵南侵时被毁。现存塔为南宋绍兴二十三年（1153）由僧人大圆募资重建，以后元、明、清历代多次修葺。北寺塔呈八角形，9层，重檐复宇，栏廊萦绕，塔顶与铁刹耸然秀立，气势雄伟，名冠江南。2006年被列为全国重点文物保护单位。

1927 年的平门大街

20 世纪 30 年代的北寺塔和大雄宝殿

20 世纪 30 年代的北寺塔西面景况

20 世纪 30 年代的北寺塔

20 世纪 40 年代的北寺塔前大街

20 世纪 60 年代的北寺塔前

初版后记

金秋十月，硕果挂满枝头。从草长莺飞到秋风萧瑟，历时近一年的《苏州园林名胜旧影录》的收集、整理、编汇工作终于收尾。

市面上关于苏州古典园林以及风景名胜的画册可谓琳琅满目，编著者作为苏州古典园林和风景名胜区的管理者，研究、管理苏州古典园林几十载，发现众多具有史料、研究和收藏价值的关于苏州古典园林名胜的老照片散遗在社会和民间，园林专业部门除有存于档案中的老照片外，尚未对散落社会和民间的老照片进行汇总。这些旧影对于研究、保护、管理古典园林有着不可替代的史料和研究价值，其现实意义和作用更不必赘述。编辑本书的初衷就是避开一般的欣赏角度，着重从史料学的角度进行一种资料的筛选整理并汇编成册。

鉴于苏州古典园林及名胜较多，已经湮灭的园林更多，难以清晰地划分章节，因此本书在汇编体例上按照苏州古典园林列入《世界遗产名录》的先后时间顺序为标准，分为1997年列入《世界遗产名录》的拙政园、留园、网师园、环秀山庄，2000年作为苏州古典园林增补项目列入《世界遗产名录》的沧浪亭、狮子林、艺圃、耦园、退思园；余下的其他园林（包括一些已经湮没的园林）按建园年代编排；最后是关于名胜的一组老照片。时间截止，原则上是编录到20世纪50年代末为止，但考虑到园林修复的时间有差别，部分80年代修复前的园林老照片也相当珍贵，故亦收录进书，以存史参照。

关于人物，本书以旧影为主题，不专述人物，更不“评功摆好”，一律就事论事。凡涉及人的图片，由于篇幅有限，只选择重要的园林主人和历史事件的场景，反映的是园林名胜的历史演变，而非人物的功过是非。

此次一共向社会征集到400余幅照片，编者从中精选出300余幅，以飨读者。

书中所录老照片来源：重点是苏州市园林档案馆珍藏的老照片。“养兵千日，用兵一时”，园林档案馆数十年来花费大量的人力物力进行包括老照片在内的档案材料的收集、整理，对成功编汇本书可谓功不可没，甚至可以说，如果没有园林档案馆珍藏的老照片，此次汇编难度必增加数倍，亦耗费更多时日。

本书的汇编始终离不开苏州市地方志办公室的大力支持，徐刚毅主任专为本书写了序文；其他同仁为我们提供了《老苏州百年历程》《老苏州百年旧影》两套书中曾使用的有关苏州古典园林与名胜的老照片，使本书大为增色。

国家文物局古建筑专家罗哲文先生捐出一张150年前的、现藏于美国皮波迪伊塞克斯博物馆（Peabody Essex Museum）的虎丘塔照片的电子档，这张照片上的虎丘塔与现存的虎丘塔迥然有异，让当代人终能一睹百年前的古塔风貌。苏州市园林和绿化管理局副局长茅晓伟去欧洲考察，带回瑞典斯德哥尔摩大学教授喜仁龙（Osvald Siren）于1918年拍摄的苏州园林的九张老照片。这些海外“回归”的苏州园林旧影，虽数量不多，却弥足珍贵，且足见照相技术发展之初外国人之重视中国传统文化、特别是古典园林资料的收集和研究，直到今天仍然有大批海外学者在研究包括苏州古典园林在内的中国传统文化，其借鉴意义值得深思。

老照片收集的另一个重要来源就是众多热心的苏州市民所珍藏的老照片。陈佳红捐赠了一张摄于1930年6月的虎丘老照片，难能可贵的是裱这张照片的纸质硬板上很清楚地写着：“苏州虎丘·国昌照相社”。陈善镳捐赠了一套（31张）珍贵的20世纪30年代到40年代出版的明信片，并表示：“这些三十年代的珍藏品让我爱不释手，今年在纪念苏州古典园林列入《世界遗产名录》十周年之际，我很愿意把这些旧图片展示给大家，把这一份珍贵的文化礼品献给世人，让更多的朋友和国际友人了解苏州，热爱苏州，并喜欢苏州这座城市。让我们这座具有两千五百余年的历史文化名城永远绽放出青春的光彩！”其他还有如程伯寿、陆宏仁、翁枫、秦云龙、沈嘉乐、洪承浩、姚启惠、王新珍……虽不能在此一一表述，但其爱园心之切，其捐赠情之真，亦如陈先生。

正是有这么多热心部门、单位和社会各界人士一直默默无闻地关注园林、热爱园林，苏州园林才能成为苏州一张绚丽多姿的名片，展示给全国和世界。

苏州市园林和绿化管理局局长衣学领对本书的汇编高度重视，对本书的指导思想、结构、大纲、组织协调工作都提出了重要意见。在汇编过程中，曾经数次邀请专家学者，如詹永伟、徐刚毅、王稼句、董寿琪、林植霖、姜晋、陈凤全等对本书的编汇工作提出很多参考性和建设性的意见。还得到虎丘、拙政园、留园、狮子林、网师园等园林管理单位的大力支持。可以说，这本书是大家共同努力的成果，是集体智慧的结晶，在此一并表示衷心的感谢！

最后还要感谢上海三联书店出版社的大力支持和资深编辑鲁继德的精心设计，使本书能在较短时间里，以精美的编排和优良的印刷质量与广大读者见面。

《苏州园林名胜旧影录》编委会

2007年12月

再版补记

《苏州园林名胜旧影录》出版已经12年了。

古人记录园林名胜的方法主要是文字和绘画，这些文献可谓浩瀚如海。自从1839年法国的达盖尔制成世界上第一台实用照相机之后，照片成为记录园林名胜不可或缺的形式。据史料记载，中国的摄影术在19世纪中叶已进入实用阶段。但据我们目前考证的情况，当时使用照相机记录苏州园林名胜的多为外籍人士，如我们收集到的摄于1860年前虎丘塔（美国皮波迪伊塞克博物馆收藏）、摄于1869年的虎丘塔（约翰·汤姆逊 John Thomson 摄）、摄于1870年的狮子林（法国巴黎私人收藏）等，都说明当时摄影还是一项极先进而昂贵的活动，一直到20世纪上半叶，国内才逐步发展起来，但其设备和技术、艺术的拥有，仍为少数人所有，真正的普及还得感谢数码技术的发展，使摄影术成为新时代人人拥有的“大众摄影”。因此，随着时间的流逝，那些记录19、20世纪园林名胜的老照片也就愈加显示出其珍贵性，以及包含在图像中的历史、文化、科学、艺术和观赏价值。

编辑这本旧影录的初衷，已在初版“后记”中交待了。由于这部旧影录是自有摄影术以来第一次对苏州园林名胜老照片进行汇编初版，因此初版面市后，仅一年就已告罄，以至很多人争相寻觅，一书难求，完全出乎我们意料。也说明历史黑白老照片有其独特价值和众多读者，特别是对有着怀旧情结、园林情结的老苏州、小苏州和新苏州来说，了解苏州园林名胜的前世今生，增长园林文史知识，可以发挥知古鉴今的作用。这次重新出版，既是回应广大读者的再版要求，也是我们在编纂《苏州园林风景绿化志丛书》过程中又收集到一批苏州园林名胜老照片的成果，通过整理、筛选，增补了60多张，使本书资料更为丰厚，作为《苏州园林艺文集丛》中的一部作品，奉献给广大读者。

此次再版，适逢中华人民共和国建国70周年，也恰是苏州市风景园林学会成立40周年，可谓双喜临门，谨此作为我们的一份礼物，以表我们对祖国、对苏州园林的热爱和祝福！

编著者补记

2019年6月

附录

20世纪50年代苏州主要遗存园林一览表

园名	年代	地址	备注
拙政园	明代	苏州市东北街178号	
留园	明代	苏州市留园路338号	
狮子林	元代	苏州市园林路23号	
沧浪亭	宋代	苏州市沧浪亭街3号	
网师园	清代	苏州市阔家头巷11号	
怡园	清代	苏州市人民路43号	
耦园	清代	苏州市小新桥巷5–9号	
艺圃	明代	苏州市十间廊屋8号	
环秀山庄	清代	苏州市景德路280号	
拥翠山庄	清代	苏州市虎丘山门内8号	
鹤园	清代	苏州市韩家巷4号	
畅园	清代	苏州市庙堂巷22号	
壶园	清代	苏州市庙堂巷7号	
残粒园	清代	苏州市装驾桥巷34号	
西园	始建于明代	苏州市留园路	
半园（北）	清代	苏州市白塔东路82号	
惠荫园	明代	苏州市南显子巷19号	
可园	清代	苏州市沧浪亭前	
元园	清代	苏州市长春巷6号	
听枫园	清代	苏州市三元坊12号	
慕园	清代	苏州市大井巷27号	
笑园	明代	苏州市升平桥弄14号	
半园（南）	清代	苏州市仓米巷24号	
塔影园	清代	苏州市山塘街845号	
西圃	清代	苏州市西花桥巷4号	
遂园	清代	苏州市慕家花园16号	
五峰园	明代	苏州市阊门西街47号	
柴园	清代	苏州市醋库巷44号	

续表

园 名	年 代	地 址	备注
曲园	清代	苏州市马医科 43 号	
楼园	清代	苏州市马医科 21 号	
任宅花园	清代	苏州市铁瓶巷 22 号	
王宅花园	清代	苏州市庙堂巷 9 号	
韩王庙花园	清代	苏州市枣市街 76 号	
神农庙花园	清代	苏州市药王庙弄 14 号	
钱江会馆花园	清代	苏州市桃花坞大街 98 号	
费宅花园	清代	苏州市桃花坞大街 76 号	
墨园	清代	苏州市平门内 526 厂	
静中院	清代	苏州市闾邱坊 4 号	
雅园	清代	苏州市温家岸 17 号	
万宅—住宅	清代	苏州市王洗马巷 7 号	
瑞云峰	清代	苏州市带城桥下塘 18 号	宋花石纲遗物
圆通寺	清代	苏州市阔家头巷 6 号	
静庐	清代	苏州市镇抚司前 22 号	
良庵	清代	苏州市铁瓶巷 12 号	
朴园	清代	苏州市平门高长桥 8 号	
花园饭店	清代	苏州市广济路 238 号	
真如小筑	清代	苏州市泰让桥弄 22 号	
严宅花园	清代	苏州市东北街 116 号	
天香小筑	清代	苏州市人民路 80 号	
南园	清代	苏州市十全街	
余宅	清代	苏州市阊门西街 38 号	
宝华庵	清代	苏州市唐家园	
握瑜	清代	苏州市因果巷 14 号	
费宅	清代	苏州市混弄堂 5-1 号	
相王祠	清代	苏州市十全街相王弄	
紫罗兰庵	清代	苏州市王长河头 4 号	
费宅	清代	苏州市张果老巷 5 号	

提供照片人员名单

苏州市地方志办公室

苏州市拙政园管理处

苏州市留园管理处

苏州市网师园管理处

苏州市狮子林管理处

苏州市东园管理处

苏州市园林档案馆

苏州园林股份发展有限公司

（以下按姓氏笔画为序）

王新珍　吴加昌　沈　亮　沈嘉乐　陈怀礼　陈佳红　陈善镳

茅晓伟　陆宏仁　周苏宁　姚启惠　洪承浩　秦云龙　翁　枫

程伯寿　蒋鉴清　缪立群